अर्घ

डा श्वेता मित्तल

Copyright © Dr Shweta Mittal
All Rights Reserved.

This book has been published with all efforts taken to make the material error-free after the consent of the author. However, the author and the publisher do not assume and hereby disclaim any liability to any party for any loss, damage, or disruption caused by errors or omissions, whether such errors or omissions result from negligence, accident, or any other cause.

While every effort has been made to avoid any mistake or omission, this publication is being sold on the condition and understanding that neither the author nor the publishers or printers would be liable in any manner to any person by reason of any mistake or omission in this publication or for any action taken or omitted to be taken or advice rendered or accepted on the basis of this work. For any defect in printing or binding the publishers will be liable only to replace the defective copy by another copy of this work then available.

आर्यन

मुख्यरूपसे, मैंइसकिताबकोसफलताकेसाथपूरा

करनेमेंसक्षमहोनेकेलिएभगवानकोधन्यवाददूंगी

मैंउनतज़ुरबों और ज्ञान कोधन्यवाददूंगी,

जोजिन्दगीनेमुझेदिएऔरउनसबव्यक्तियों

कोजोप्रत्यक्षयाअप्रत्यक्षरूपसेमेरेसंपर्कमेंआए

औरमेरीप्रेरणाबने।फिरमैंअपनेसास-ससुर,

माता-पिता, पति, भाई, बेटे (आर्यन) औरदोस्तों

कोधन्यवाददेनाचाहतीहूँजिन्होंनेमुझेकिताब

प्रकाशितकरनेकेलिएप्रोत्साहितकिया।अगर

मैंअपनीपुस्तककेमाध्यमसेकिसीएकव्यक्ति

कोभीप्रेरितकरपाईयाकिसीभीएकहृदयको

प्रफुल्लितकरपाई, तोयहीमेरीसफलता

काप्रमाणहोगा।

Dr Shweta Mittal

MBBS, MD (Pathology)

क्रम-सूची

भूमिका vii

1. निती-शास्त्र 1
2. मुमकिन तो नहीं 3
3. कुछ सामान 4
4. भय 5
5. नोक-झोंक 6
6. रिश्तों का बाज़ार 7
7. नाम जिंदगी 8
8. कुछ निशान 9
9. लम्हा 10
10. कहानी 11
11. उडान 12
12. डगर 13
13. यात्री 14
14. खेल 15
15. उलझन 16
16. रेत के महल 17
17. तकदीर 18
18. मन का दरिया 19

• v •

भूमिका

डॉ श्वेता मित्तल

यहकिताबडाक्टरश्वेतामित्तलद्वारास्वरचित कविताओंकासंग्रहहै।कवियत्रीभारत, पंजाब केबठिण्डाशहरसेहैंऔरएककामयाब पैथोलोजिस्टहै।इन्होनेवर्ष 2003 AI CBSE PMT मेंसंपूर्णभारतमेटॉपकरकेअपनीप्रतिभा

काप्रमाणदिया।इन्होनेअपनी MBBS
MAMC, University of Delhi औरअपनी
MD BFUHS, फरीदकोट, पंजाबसेकी।बठिण्डाके
डिप्टीकमिश्नरद्वाराइन्हेशिक्षाकेक्षेत्रमें
26 जनवरीकोसम्मानितकियागया।
येएकबहुमुखीप्रतिभारखतींहै।
नृत्य, खेलों, भिन्न-भिन्नकलाओंमेंरूचीके
साथ-साथधार्मिकग्रंथोंका
ज्ञान , जीवनकेपलोंकेअहसासकोमधुर
कवितामेपेशकरनेकीकलाइन्हे
खासबनातीहै। ‘ अर्घ 'इनकी दूसरी प्रकाशित
पुस्तिका है । इस पुस्तक का वर्णन कवयित्री
के शब्दों में इस प्रकार है ।

"अनुभव का अर्घ
ज्ञान का अर्घ
मेरे संजोए पलों का अर्घ
मेरी लघु यात्रा का अर्घ ।।"

इनकी कविता 'नीति-शास्त्र' चाणक्य नीति
का सार है । इनकी संपूर्ण रचनाएँ प्रेरणा, ज्ञान,
प्रेम का स्त्रोत हैं ।कवयित्री अपने अनुभवों और
ज्ञान को बहुत ईमानदारी से प्रस्तुत करने
में सक्षम रहीं है ।

इनकी पहली किताब 'खनक' स्वयंकेअंदरछिपी
शक्तियोंकोपहचानने, जीवनमेंआन्नदितरहने,
निष्कामकर्मकरनेकेलिएप्रोत्साहित
करतीहै, प्यारऔरस्नेहकीअनुभूतिकरातीहै।

Dr Naveen Goyal

भूमिका

MBBS,MS, Mch (Urology)

1. निती-शास्त्र

निती-शास्त्र या राजनीति
दलदल नहीं है ये कोई
उजला सँवरा है इसका भी दामन
बुद्धिमान को ज्ञान मिले तो
रंक घडी में बन जाए राजन
विद्या का एक रूप है
क्या करना है कब करना है
निर्णय कौन सा कब लेना है
इस क्षमता का है ये परीक्षण
ज्ञान रूपी कामधेनू
करती संतोष के नंदन वन में विचरण
संयम तप के भाँति है
क्रोध है यम समान
जन्म श्रंखला चलती रहती
संग रहते ज्ञान, तप और दान
एक गुण सौ अवगुणों पे भारी
चेतन शक्ति भय पर भारी
मीठी वाणी काज सँवारे
भाव परोपकार के हमें तारें
शक्तिशाली अगर हो शत्रु
पहले ढूँढ लो उसकी कमज़ोरी
चाणक्य नीति की बात ये हो रही

• 1 •

धनवान के संग सब सगे संबंधी
कर्म है काया के संबंधी
जो रिश्ते टिके जरूरत पे तो
लम्बा रास्ता तय कर जाएँ
सीधे वृक्ष तो पहले कटते
थोडे टेढे बच जाएँ
टेढा होना गलत नहीं
सीधी खरी बात जो बोली बोले
धोखा देना उसके बस की बात नहीं
दुष्ट के साथ दुष्टता करनी पडी
तो गलत नहीं
मूर्खता को अगर चलो
ज्ञान की भाषा बतलाने
बदनामी ही तुम्हे मिलेगी
नाम बिकेगा चार आने
कभी-कभी बिना ज़हर के
ज़रूरी है फन को फैलाना
स्वर्ग तुम्हारा इसी लोक में
स्वरूप जो तुमने अपना पहचाना
एक जिंदगी, ज्ञान अधिक है
उपयुक्त ज्ञान का चयन करो
नीति ज्ञान भी एक शास्त्र है
चाहे तो अध्ययन करो ।।

2. मुमकिन तो नहीं

कुछ चीज़ें समझाना मुमकिन तो नहीं
हर बात को लफ्ज़ों में बयाँ करना
मुमकिन तो नहीं
इसलिए कभी हम होठों को सिए
सच को थोडा वक्त दिए
बस चले चलतें हैं
क्योंकि हर बार खुद को साबित कर पाएँ
ये मुमकिन तो नहीं ।।

3. कुछ सामान

मेरा कुछ सामान
पडा है दिल के किसी कोने में
सँभाले रखा है कब से
सजाने को जगह नहीं
देने का अब समय नहीं
कुछ रख नहीं पाए
कुछ दे नहीं पाए
कुछ कमाया
कुछ बिन माँगे मिला
कुछ चाह कर भी ना पा पाए
कुछ टूटा सामान किसी कोने में छुपा रखा है
नज़रों से बचा रखा है ।
क्या ये पुर्ज़े कर पाएँगे रचना नयी
और चमक जाएँगे फिर कहीं
या कफन में हो जाएँगे मेरे संग दफन
यही ख्याल मन में बसाए रखा है ।।

4. भय

भय
कभी किसी चीज़ का
कभी किसी व्यक्ति का
कहाँ है ये भय ?
इसको जो मैं मार गिराऊँ
या मैं नैनों के तले
ज्ञान का कोई दीप जलाऊँ
भय का जब अंधकार हो घना
ज्ञान की एक लौ से अपना कवच बना
जीत जाएँगे हम जब
डर के बादल छँट जाएँगे सब
अकेले डगर पर चले जब हम
अर्जित विद्या एक मात्र मित्र परम ।।

5. नोक-झोंक

खट्टी-मीठी नोक-झोंक
काले कौए की काँव-काँव
कभी कोयल की कूक लगे
कभी मैं इतनी पक जाऊँ
कि थक कर फिर हडताल करूँ
इस नोक-झोंक को जीने को
ये लम्हे थोडे हैं
खुशबू चाहे समेट रस इनका मैं चुन लूँगी
नोक-झोंक के शहद को मैं
जीवन के बोतल में भर लूँगी ।।

6. रिश्तों का बाज़ार

जरूरत के बाज़ार में
रिश्तों का सामान है
कहीं मोह के धागे है
कहीं प्यार का बंधन है
किसी डोर से बंधी खुशी है
किसी से जुडा मतलब है
समाज के रीति-व्यवहारों से
वक्त की मेरे डोर बँधी है
इस सारी भूल-भुलैया में
कर्मों को लेके काँधे पे
मानवता की डोर बँधी है ।।

7. नाम जिंदगी

जिंदगी जीने का नाम है
जीकर कुछ कर जाने का नाम है
शक्ति में जीवन का सार है
शुरू करो तो सरल मार्ग है
करते रहने का नाम जिंदगी
गिर कर उठने का नाम ज़िंदगी
पाया तो ईनाम ज़िंदगी
देकर जिए तो वरदान ज़िंदगी ।।

8. कुछ निशान

तेरे मेरे दरमियाँ
ये जो कुछ निशान
मेरे दिल से तेरे दिल तक
तय करने पडे क्यों फासले
कभी राहें मिली और साथ चले
कुछ शिकवे मेरे, कुछ तेरे गिले
हाथों में हाथ लिए
संगम के एक साज बने
प्रेम का दरिया फिर उमडे
लहरें साज का हर तार बनें
कभी मिलें कभी बिछुड गए
पर चले, हालातों पे बाँध बना
रात-दिन मिलने की आस लिए, हम चले
निशानों में कुछ रंग भर, कुछ चित्र बना
तेरे मेरे दरमियाँ वक्त के जो फासले
दिलों के प्यार से भरे, तेरी याद से
क्यों न टूटे ये सिलसिले
मेरी राह फिर तेरी राहों से जा मिले ।।

9. लम्हा

एक लम्हा
कुछ नया सा
ना पहले कभी जिया था
ख्वाबों की महफिल से
कुछ तरानों को चुरा
रंग भरूं इन लम्हों में फिर मुस्कुरा ।
गीत जो मुझको गाना है
उसे मुझे ही रचना है
कुछ नया सा
ना पहले कभी जिया था ।
हम भी हैं नए से
ये लम्हा भी नया सा
जीने का अंदाज नया सा
कहानी के ये मोड नए से ।
कभी कहीं कुछ मेरे अनुभव
कभी कहीं कुछ तुम्हारा तज़ुर्बा
इन सबकी जो लाठी पकडे
नए अफसाने बुनने को
एक लम्हा चला ।
कुछ नया सा
ना पहले कभी जिया था ।।

10. कहानी

जिंदगी कुछ अजीब है
अजीब है कहानी तेरी मेरी
कुछ कही कुछ अनकही ।
यादों के सागर के मोती
चुन लेना तनहाई में
दिन बीतेग, सांझ ढलेगी
रात भी कुछ लम्बी होगी
तुम इनको सहेज के रखना
रखना मान के धागों में
मोती की माला की कीमत
कुछ देर में जानी जाएगी
अजीब जिंदगी
अजीब कहानी
कभी मुस्कुरा के कही जाएगी ।।

11. उडान

झपके जो मेरी पलक
मन के कई राग
झलक-झलक जाएँ ।
ख्वाहिशों के दीप जगें
नैनों के मधु से
दमक-दमक जाएँ ।
जीवन की बुनती में
तारें हैं सोने की
और मेरी तमक को
पंख लगा जाए ।
ऐसी उडान भरुँ
अंबर के दामन में
तारों को मेरा मन
छू के बरस जाए ।
आशा ना छोड़ूंगी
तिनकों को जोड़ूंगी
जिजीविषा प्रबल है
ध्येय के सब रोडों को
हीरों में बदल जाए
दृढता की ज्योति से
राह मेरा चमक-चमक जाए ।।

12. डगर

जीवन के कुछ पन्ने
लिखे हुए, कुछ कोरे हैं
पंक्तियाँ आधी अधूरी सी
मुझको अब पूरी करनी है ।
संकेतों का डिब्बा भरा पडा है
चुनुँ कौन सा ढेरों से ?
या ढूँढू कुछ अंतर्मन के कोनों से
जाम पिऊँ नवीन सोच के पैमानों से
सदाबहार रहेंगे ये पैमाने
चाहे मदद का डिब्बा खाली हो
मत माँगो तुम हाथ पसारे
दामन में ना चाहे धेला हो ।
सोई चेतन शक्ति जगाकर
हीरे आएँ हाथ हमारे
डगर पे चलते जाएँगे
बिन लाठी, बिन किसी सहारे ।।

13. यात्री

मैं रमता जोगी निकला हूँ
निकला हूँ जीवन यात्रा पे
सब लम्हों का अवलोकन कर
कुछ लम्हों को जीने को
सफर सुहाना करने को
कई मिले इस यात्रा में
मिले, बिछुडे, फिर मिले, कई संग चले
ये जीवन एक यात्रा है
रुकना मेरा काम नहीं
भटके जो हम राह से तो फिर क्या ?
अपना मार्ग ढूँढ ही लेंगे
कच्चे-पक्के रास्ते से
अनुभव के पदक बटोर ही लेंगे
रुक कर तनिक विश्राम करेंगे
चोट लगी तो उपचार करेंगे
रुक कर थक कर हार के बैठूँ
ये तो मेरा काम नहीं
यात्री को चलते जाना है
थमना उसका काम नहीं ।।

14. खेल

संघर्ष मिला जो इस जीवन से
कैसे इसे हम करना सीखें ?
मानो तो संघर्ष
मानो तो एक खेल
खेल सभी को प्रिय लगें
हार जीत के जशन से ऊपर
खेल में बीतें आनंद के पल
एक बार और की तमन्ना
एक बार फिर बेहतर की चाह
पुरानी सीख कुछ साथ लिए
संघर्ष में हर्षित होते हुए
खेल हमें ये सिखलाते हुए
संघर्ष को लो एक खेल के जैसे
जीवन उत्सव मनाते हुए ।।

15. उलझन

मुश्किल में उलझा हूँ मैं
जकडा हूँ मैं
परेशान हूँ मैं
थोडा और जब तडपा मैं
उलझन के ताने बानों में
थोडी और ज़ोर से जकडा मैं
फिर शांत मन से
उलझन को छोड
सुलझन की और मैं मुड चला
शक्ति को संचित कर के
हल की तरफ जब निकला मैं
अपने कर्म से मुख ना मोड
जब कर्म पथ पे चला मैं
हल की ओर मुड चला मैं
हल की ओर मुड चला मैं ।।

16. रेत के महल

रेत के महल
हम फिर से बनाने लगे
बहुत बवँडर आए महल सब ढह गए
पर फिर आशा की गीली मिट्टी
रेत का महल हम बनाने लगे
हिम्मत के घेरे में
फिर मेहनत से उठ खडे किए
उम्मीदों की गीली मिट्टी से
फिर रेत के महल हम बनाने लगे ।।

17. तकदीर

कुछ खेल तकदीरों के
जीवन की डगर
हर पर्दे को खोल रही है
कर्म से जो ना मिला वो फल क्यों
पोल सभी वो खोल रही है ।
कुछ फूल जो चाह की राह में थे
मन चुनने जिनको निकला था
फूल जो हमको मिले नहीं
कल्पवृक्ष जो तकदीरों में था
कर्म निरंतर चाबी थी जिसकी
ताला उन तकदीरों का था ।।

18. मन का दरिया

मन का दरिया
निर्मल, निश्छल
चाह की किश्तियाँ लगा चलाने
नियत को पतवार बनाए
तूफानों के दौर में
आशा ही फिर राह दिखाए
बिन विचलित हो, अडिग हो
जो चलते जाएँ
असीम दरिया से सूर्योदय के
अद्भुत दृश्य को मन में समाए ।।

www.ingramcontent.com/pod-product-compliance
Lightning Source LLC
LaVergne TN
LVHW041644070526
838199LV00053B/3545
* 9 7 9 8 8 8 6 8 4 1 0 5 3 *